à benoît
jamais deu,
sans trois

charles leblanc nov. 1994

la surcharge du réseau

charles leblanc

la surcharge du réseau

poèmes du coeur électrique
1988-1991

ROUGE

les éditions du blé

Ce livre est le

ONZIÈME

publié dans la collection

ROUGE

dirigée par J.R. Léveillé

conception graphique : Bernard Léveillé

Du même auteur chez le même éditeur:
PRÉVIOUZES DU PRINTEMPS
Collection Rouge, 1984
D'AMOURS ET D'EAUX TROUBLES
Collection Rouge, 1988

Certains poèmes ont été publiés dans les revues
Prairie Fire et *Cahiers franco-canadiens de l'Ouest*

Photo de la couverture: ©Joseph Drivas/The Image Bank Canada
Photo de l'auteur: Hubert Pantel
Photos à la page 60: Pauline Riley

Les Éditions du Blé
remercient chaleureusement
le Conseil des Arts du Canada et
le Conseil des Arts du Manitoba
pour leur contribution à la publication de cet ouvrage.

Les Éditions du Blé
C.P. 31
Saint-Boniface (Manitoba) R2H 3B4

Leblanc, Charles, 1950-
    La surcharge du réseau

(Rouge)
ISBN 2-921347-23-7

I. Titre.   II. Collection: Rouge (St-Boniface, Man.)

PS8573.E248S8 1994   C841'.54   C94-920075-1
PQ3919.2.L424S8 1994

ISBN 2-921347-23-7

Introduction

Parfois on se sent vieux. Bien plus vieux qu'en réalité.
On fait attention de ne pas trop souffrir.
On pense à ses cheveux qui tombent,
aux exigences de la vie. Responsabilités, responsabilités.
Des choses bien pires que ça nous sont tous arrivées :
le cirque n'était pas aussi excitant qu'on le croyait,
le film était mauvais, etc.

Pointer au travail, tapocher le mur, haïr le boss.
On ne peut pas faire son chemin dans la vie si on ne sait pas
comment, et on ne peut pas le savoir sans faire les premiers pas.
Et nous avons tous et toutes nos propres chansons dans la
tête. Les meilleures chansons au monde.
Le problème, c'est de trouver le moyen de les sortir de là pour
les chanter aux autres.

Il faut savoir quand mettre les freins. Profiter de la vie
à un rythme réaliste. Et c'est important de faire confiance
aux autres, tout en se fiant à soi-même. Réévaluer ses
priorités, s'examiner quotidiennement.

Nous ne sommes pas tous victimes des circonstances;
par conséquent, personne ne devrait se sentir comme un martyr.
Le problème? C'est déjà si difficile de communiquer de nos
jours, certains d'entre nous n'en ont même pas la chance.
D'autres ne savent pas qu'ils l'ont.

Parfois il faut essayer de tirer le meilleur parti possible d'une
mauvaise situation. Plus souvent qu'autrement, on sourit
et on endure. Rien de trop compliqué, une simple tentative
d'établir ses priorités. La révolution commence à la maison,
préférablement devant le miroir de la salle de bains.

Un exemple? L'hiver arrive toujours trop vite. Le dernier a été
le pire que j'ai connu, à l'exception de l'hiver de mes cinq ans.
J'ai ouvert la porte d'entrée. Je me suis perdu dans la neige.

adapté de hüsker dü : *warehouse songs and stories*

l'amour n'est pas un droit

(chronologie émotive)

0. citations ready-made

«il y a beaucoup de femmes
qui doivent gagner leur vie
en excitant des cochons»

la violence habite les jours ordinaires
même si tu voulais autre chose

«le pouvoir, qui c'est qui l'a?
c'est sûrement pas marie stella!»

le pouvoir s'écrase dans son fauteuil
il paie des gens pour se salir les mains

«la torture : ensemble de méthodes
de persuasion fondées sur des notions
élémentaires de psychologie
et utilisant parfois
un appareillage électrique»

les conséquences intimes
de la course aux rêves fous

«des fois j'ai l'goût
de m'acheter une voiture
des fois j'ai l'goût
de me câlisser devant»

la nuit coule sa décharge
sur les yeux motteux
plus ça change plus ça change
au pire on dirait
que des rituels se font
et se défont

l'année s'annonce
bien

1.

«ne blâmez jamais les bédouins»
rené-daniel dubois

le dépit
donnez-nous l'apocalypse
une fois pour toutes
qu'on en finisse

qu'on en finisse de mourir
si lentement qu'on ne s'en aperçoit pas
c'est sournois mais la fin
ne se passera pas en douceur

le cauchemar périodique :
des corps déchiquetés
éclaboussés sur le devant de la locomotive
et ne pas être capable de l'écrire
et ne pas être capable d'écrire autre chose

(note pour moi-même :
faire attention en traversant les voies ferrées
ne jamais blâmer les bédouins pour le désert
et porter des bretelles
le pantalon a moins tendance à glisser sur les jambes)

c'est la fin du monde parfois
personne ne se rappelle
comment débrancher l'appareil
comment arrêter le train

l'autre soir un répit
ce n'était plus la fin du monde
ce n'était que nous deux
sans cauchemars
ni les tiens ni les miens
en toute lenteur

les locomotives ronronnent
immobiles

janvier-février 1988

2. pour les survivantes

la nuit pèse une tonne sur le corps fatigué

les ampoules électriques zipzappent les moustiques

les chiens fous jappent des poches de noirceur

et le cadran ne semble plus donner signe de vie

au bord du trou de mémoire
comment se dire
ne t'en fais pas on s'en sortira
(en pièces détachées en pièces recollées)

●

les couvertures cherchent à couvrir la mémoire
mais les tiroirs s'ouvrent sans qu'on les appelle

les livres font hara-kiri sur les étagères d'acier
et les fruits pourrissent dans le réfrigérateur

le coeur ne distribue plus que de la petite monnaie
il porte des verres fumés ça fait moins mal
(si l'amour est aveugle la douleur est aveuglante)

●

la peste se déclare pressante dans les colonies familiales
et les missionnaires rapiècent leurs évangiles du pardon

les grands-pères les oncles les pères les frères
les inconnus et les connus
peuvent tous se jeter par-dessus bord

la machine humaine ne peut plus fonctionner à crédit
l'amour a tilté dans le salon le sous-sol la chambre à coucher
ou la salle de bains

•

il faut se dire pourtant
que les feuilles mortes se ramassent au camion
que les champs s'endorment brûlés
mais jusqu'à leur réveil
que les érables ne saignent qu'au printemps
que les oiseaux durent
survolant les autos silencieuses de l'hiver

en revenir aux saisons au temps
au passage au temporaire de la souffrance

l'horreur de la marque demeure proche

3.

des fois il fait exprès
il attend qu'elle se couche
puis il la regarde dormir
ça lui repose la caboche
il rêve mieux en insomnie

il parle au présent
quand il parle de lui-même

«le futur se conjugue
mal et
le passé n'est jamais
simple.»
patrice desbiens

4. parenthèse

«l'en-dehors du désir»
janick belleau

le dedans du désir serait donc la sensation
l'émotion à l'état brut
la matière première du désir
de tout désir
est-ce mesurable
est-ce que l'augmentation de la température du corps
et du rythme cardiaque nous indique quelque chose
cette énergie est-elle quantifiable
parlons-nous de l'orgone de wilhelm reich

le désir a un dedans
le degré d'émotion ressentie au regard
la vitesse du souffle
le rythme décroché un instant
la machine s'emballe quoi

l'en-dehors demeure pourtant le facteur clé
là où les raisons du désir se forment
là où le contexte
le texte déjà écrit
que nous croyons parfois fini
remplir les blancs suivre les normes
se faire tenir la main
bien serrée
et l'envie de rester là la main au chaud
et en même temps la douleur dans les pieds
et cette envie de pointer du doigt
d'en parler avec les mains
il faut couper
apprendre à «écrire de la main gauche»

le désir a un dedans
c'est physique
mais nous sommes des mammifères cultivés
le désir a un dehors
conditionné pour la vente au détail
le détail de nos désirs
le détail de nos mains

5.

des fois elle fait presque exprès
(une enfance sans innocence
c'est un avenir sans avenir)
c'est ce qu'elle pense
parfois
réinventant son innocence
chaque matin chaque soir

des fois c'est plus difficile
(sa vie un haïku au beurre noir
un poème de fond de bouteille
où aucun mot ne bouge)
c'est comme ça qu'elle pense
parfois

des fois c'est illuminé
(le merveilleux
se fait trop rare
et la naïveté fait toujours
l'affaire des boss)
c'est ce qu'elle pense
parfois

6.

la complainte des amoureux
qui s'aiment mais qui ne
peuvent pas vivre ensemble
c'est un bon titre
mais trop braillard

deux voix qui crient
pour casser la brique
des mauvaises habitudes
et le mortier des cauchemars
c'est un bon titre
mais trop strident

l'amour n'est pas un droit
il n'est pas inscrit
dans la constitution
il n'y a pas de loi
qui oblige à aimer
il n'y a que des lois
qui défendent de ne pas s'occuper
de son enfant
des gens qui en ont besoin

l'amour n'est jamais acquis
il se mérite comme un prix
d'athlétisme

7. version country

elle a stationné sa semi-remorque
de passion de douleur
sur l'autoroute de son coeur

quand elle est partie
sur un wheelie
elle ne savait pas
si le plein avait été fait
et le volant n'était pas sûr
quand elle est partie dans le soleil
qui n'était pas là
la route brûlait ses bottes percées

elle a laissé des traces de pneus
partout dans sa tête
partout sur son corps
elles lui rappellent
qu'elle était là

8.

il n'y a plus de place
dans son nouvel univers
pour lui
elle ne croit plus nécessaire
de dégager un peu d'espace
dit-elle

elle dit qu'elle est très bien
comme ça
pour le moment
entourée de sa recherche
de symboles immémoriaux
de souvenirs d'une enfance
à revoir à comprendre

elle écoute de la musique
seule avec ses écouteurs
elle ferme sa porte
et coupe des ponts
elle réapprend à choisir
et ça commence toujours par un non

il n'y a plus d'espace
ni de place
dans sa chambre dans son lit
son coeur est encombré
elle l'habite tout entier
dit-elle
il faut faire le ménage
et barricader le tout
elle a des réserves
pour survivre
pour un temps
dit-elle

elle lui envoie parfois
des cartes postales de son âme
des instantanés de l'autre monde
dit-elle

9. avertissement

seuls les bébés mouillés
aiment le changement

dégagez le plancher de danse
laissez passer l'ambulance :
il s'est pendu à un scapulaire
et la chaise est partie sous ses pieds
son corps bouge encore
dans la poubelle de l'amour
qui contient
tout ce qui est permis et
supposément justifiable
parce qu'on dit qu'on pense
qu'on est en amour
ou au moins tombé dedans

dégagez le plancher de danse
il pleure et il sent il s'excite
à l'idée de passer l'aspirateur

il veut parfois s'enfuir
dans les bras de quelqu'un d'autre
s'enfuir de lui-même peut-être
dans les bras de quelqu'un d'autre

ça le rattrape toujours
devant un bol de céréales froides
ou en lisant le journal
c'est lui-même qu'il doit endurer

novembre 1988

ouï-dire et rien-dire

(observations cliniques)

sous la douche

beaucoup de gens chantent
lorsqu'ils sont sous la douche
parce qu'ils sont de bonne humeur
parce que l'eau est froide
parce que ça les réveille
parce que tout le monde le fait

peu de gens chantent
en prenant un bain
sauf s'ils sont d'une extrême
bonne humeur

debout
assis

chanter debout
parler assis
les pieds pour le rythme
les mains pour la ponctuation

s'asseoir pour penser
pour écrire en silence
pour parler au téléphone
pour faire du bruit
avec ses pieds

pensée fasciste

«*ce n'est pas
la connaissance
qui compte
c'est la conviction*»

robert l.
pianiste de club
ancien drogué
a maintenant trouvé
la paix intérieure

lettre à un cannibale
(poème trouvé)

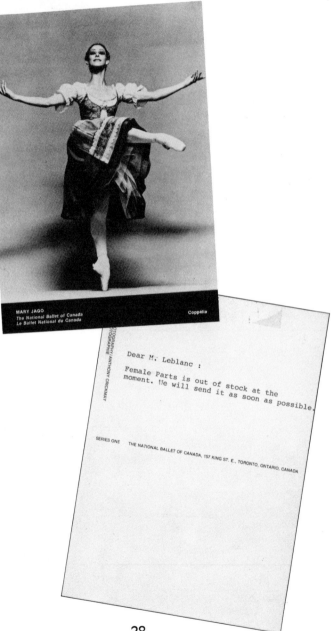

MARY JAGO
The National Ballet of Canada
Le Ballet National du Canada

Coppélia

PHOTOGRAPHY ANTHONY CRICKMAY
PHOTOGRAPHIE ANTHONY CRICKMAY

Dear M. Leblanc :

Female Parts is out of stock at the
moment. We will send it as soon as possible.

SERIES ONE   THE NATIONAL BALLET OF CANADA, 157 KING ST. E., TORONTO, ONTARIO, CANADA

28

entendu de mes amies

«il suait tant
que ses sous-vêtements
étaient tout mouillés
et il voulait
que je les touche»

«j'ai un grand coeur
mais je ne suis pas idiote
je sais aussi
qu'il est plus facile
de se faire pardonner
que de demander la permission»

«je ne regrette pas
l'être humain
sensible
aimant
attentionné
qu'il n'était pas
mais je regrette
sa cuisine»

le cauchemar ultime

rêver qu'on se voit
en train de vivre un cauchemar
(chacun le sien le plus horrible)
et qu'on se voit
essayer par tous les moyens
de se réveiller
et qu'on se voit
échouer lamentablement
la cauchemar n'ayant pas de fin

c'est suffisant pour mourir
réellement d'angoisse
drette là

critique cinématographique

j'aurais dû m'en douter
au générique
en plus d'un scénariste
on trouvait un dialoguiste
une script responsable des dialogues
et quelqu'un qui avait écrit des dialogues
additionnels

j'aurais dû m'en douter
l'intrigue était trouée d'incohérences
les personnages désarticulés
s'agitaient dans le vide de la pellicule
(les acteurs se demandant laborieusement
si la vie a un sens)

j'aurais dû m'en douter
c'était une histoire de cul et d'argent
déguisée en histoire d'amour
j'ai reconnu le livre
le producteur avait dû l'acheter
dans un aéroport
rêvant à la lumière des flashes
et au bruissement des billets de banque

texte théorique tra la la

la question centrale de
«l'inspiration poétique»
et sa réponse par une certaine poésie
ont généralement été les suivantes :

Q. Est-ce que l'inspiration tombe du ciel?
R. Oui!

au cours de l'histoire du médium
la réponse est demeurée fondamentalement
la même
malgré les «changements profonds»
et les tripotages formels :

Q. Est-ce que le vent de l'inspiration se lève?
R. Oui!!! (le feu brûle dans la cheminée du poète pleine de
   bûches gagamétaphysiques)

Q. Est-ce que le vent?
R. Oui, PASSIONNÉMENT (le poète a son péché et son remords
   des surréalistes demandent le docteur freud)

Q. Est-ce que?...?
R. Bof! (l'arbre a la nausée tandis que le poète grisaille
   dans l'absurde de son crayon)

Q. EsT-cE?
R. CE/(est!) (le texte parle de lui-même le poète est excusé
   révolutionnant tout il sait tout tel quel)

Q. Hé?
R. ...(le vide désespoir ou le nirvâna du poète)

Q. De qui de quoi va-t'on s'inspirer astheure qu'on a désintégré
le langage pis qu'on ne sait plus ce qui rapporte?

R. Hééééééé hééééééééééé les tits zoizos c'est cool au boutte!!
(le poète et son plan quinquennal d'amour
cinq ans cinq disques chez capitol records)

le mouvement ne s'est pas arrêté là
heureusement le vent est tombé pour d'autres
la rage grise a pris sa place
la colère verte la passion rouge
l'inspiration vit maintenant sur le pourtour
et au centre du globe
dans le travail
et les avenues mobiles des villes

récitatif

l'homme libéral rencontre l'homme conservateur
le conservateur porte ses mythes à fleur de peau
le libéral doit expliquer les siens
(sa chemise est boutonnée
et il n'a pas retroussé ses manches)
le conservateur salue le libéral
d'un froid regard bien répété
le libéral lui répond avec des foutaises
le conservateur réplique
en saisissant la réalité de la situation
et
comme un pieu
l'enfonce en plein milieu
des deux hémisphères cervicaux
du libéral
ce dernier est pris au dépourvu
par cette non-abstraction apparente
la confusion dure une minute entière
le libéral devient le conservateur
le conservateur devient le libéral
on déclare la guerre
le libéral triche et demande des renforts
le conservateur tombe dans une embuscade
et la foule l'assassine
la même foule se révolte contre le libéral
et il meurt
le coeur brisé

adapté de *spoken word piece* du groupe *the minutemen*

après le bombardement
(nagazaki a suivi trois jours plus tard)

la ville se colle sur ses murs
plastronnés de grands lambeaux d'affiches
chauds
un cri de sirène
racle l'arrière de l'oeil

la ville s'ouvre sur ses murs
une cellule surpeuplée
qui vide ses ordures
enveloppées de papier de chair

une vision d'oiseaux brûlés
traversant la fumée
pétrifiés
de la cire

une vision de corps illuminés
de blanches étoiles
des objets non identifiables

un bouddha électrifié
lance ses flammes organiques
tout droit de ses joues de bronze

un temple
vieux comme les dragons de pierre
qui s'y collent
indifférents
louche calmement vers l'est

la distance déforme les voyages

(chansons atmosphériques)

chanson braillarde
(un hiver aux éboulements)

c'est bien ici et pas ailleurs
y ont pas encore tripoté l'heure
je passe le temps d'l'hiver d'astheure
qui vole mon temps à chialer fort

c'est à mon tour   y faut que j'jouse
l'hiver des fois   ça m'donne le blues

le temps est braque
les fenêtres craquent
la neige s'empacte
personne me backe

j'vois plus mes cartes y fait trop noir
le poêle à bois ramone un air
ouvrir la porte un courant d'air
les chiens s'promènent quand même dehors

c'est à mon tour   y faut que j'jouse
l'hiver des fois   ça m'donne le blues

le temps est borgne
le vent qui grogne
les chiens qui lorgnent
quessé qui m'pogne

une dernière fois brasser le jeu
ouvrir la trappe pour toucher l'feu
du bouleau blanc une belle flamme bleue
bottines par deux sur l'bord du four

c'est à mon tour   y faut que j'jouse
l'hiver des fois   ça m'fout les bleus

le temps est braque
les fenêtres craquent
la neige s'empacte
personne me backe

la partie d'cartes s'est arrêtée
une cigarette dans l'cendrier
j'en prends une puff puis j'suis tanné
l'ampoule s'endort dans l'abat-jour

excusez-moi   faut que j'm'en aille
faites vous en pas   ça va s'passer

le temps est gris
ça m'donne envie
de faire pipi
ousquié ma vie

chanson d'un soir de mai 1969, juin 1971, septembre 1972, juin 1975, janvier 1980, décembre 1983...

soûl malade
couché tout croche
je zieute la cuvette
en attendant
la fin du monde

envie de rire parler dormir
pas capable
je ne sais pas ce que je fais
en me poussant jusqu'à toi

soûl malade
debout tout croche
je zieute la foule
en épelant
ton nom

(répéter au besoin)

chanson de la fuite heureuse
(y a pas d'raison de s'arrêter)

je n'étais pas en bon état
j'étais quand même pas mal en forme
je n'étais pas en bon état
j'avais quand même gardé la forme
je caressais ton bras
tu caressais l'volant

y a pas d'raison de s'arrêter
y a pas grand place pour danser l'twist
dans valise de ton char

des vies les nôtres faisaient un tas
mal emballées sur l'siège arrière
notre passé tout ficelé
mal emballé sur l'siège arrière
nos yeux faisaient silence
le temps prenait son temps

y a pas d'raison de s'arrêter
y a pas grand place pour danser l'twist
dans valise de ton char

le soir glissait sur le pare-brise
on s'racontait tous nos cauchemars
le soir coulait sur le pare-brise
on s'racontait tous nos cauchemars
qu'ils disparaissent comme ça
des spectres dans la nuit grise

y a pas d'raison de s'arrêter
y a pas grand place pour danser l'twist
dans valise de ton char

à la lumière d'une cigarette
on se regarde un peu inquiets
à la lumière du tableau d'bord
on se comprend pas trop inquiets
le soir reprend plaisir
ce qui est fait est fait

y a pas d'raison de s'arrêter
y a pas grand place pour danser l'twist
dans valise de ton char

la pluie tombe dru mais c'est pas grave
les paroles volent autour de nous
la nuit s'écoule un peu plus vite
les paroles volent autour de nous
tissant une toile serrée
pour se rappeler de tout

y a pas d'raison de s'arrêter
y a pas grand place pour danser l'twist
dans valise de ton char

on n'est pas sûr si c'est l'amour
faudrait stopper pour vérifier
on n'est pas sûr si c'est l'amour
on n'a pas l'goût de s'arrêter
l'espace l'élan la route
c'est tout ce qu'il nous faut

y a pas d'raison de s'arrêter
y a pas grand place pour danser l'twist
dans valise de ton char

hiver 1990

chanson du train percé-montréal

je m'use les poignets
sur le coin de la table
du café de l'étable
où je suis attablé
avant de prendre le train du retour

un peloton de mouettes grises
occupe la toiture
(plus tard cette année-là les soldats
décoreront les rues)
le soleil saigne comme un corbeau
et ma cigarette
flotte dans l'entretemps des gorgées d'air

je cherche la formule idéale
pour peindre ce que je veux te chanter
(plus tard cette année-là chanter sera
un acte subversif)

je leste des icebergs
une procession de charrues
m'écrase la tête
et j'aimerais ne pas avoir besoin de signe
pour te parler du fait d'être ici
(plus tard cette année-là ici ne sera pas
plus sûr qu'ailleurs)

août 1970 et mars 1991

chansonnette française
(à paris au mois d'août)

à marie-claude et alain

1.

«i've had a sore throat since thirty-three years»
miles davis

je voulais être superman
sur les champs-élysées
power trip aux vitamines
(un cas de santé mentale)

je n'ai réussi qu'à retarder
le décollage de l'avion
(ma veste prise dans la porte
trop excité pour m'en rendre compte)
les passagers ont dû voter
je suis resté
tranquille dans mon fauteuil
étroit à regarder sur petit écran
la pretty woman qu'est miss daisy

je voulais une cigarette
et d'autres images sur la rétine
(plus tard dans la rue
mon répertoire de chansons
françaises m'est revenu
fallait s'y habituer)

2.

j'ai vu l'aéroport d'alphaville aussi perdu que lemmy caution
      sans système de climatisation

j'ai vu des célébrités dont luc plamondon à l'affût
      de ses bagages devant une courroie sans fin
      et denise bombardier sur le boulevard saint-michel
      alors que je cherchais un livre dans toutes les librairies
      du coin

j'ai vu des magasins qui ressemblent à des musées
      d'art moderne et des musées qui sont des magasins

j'ai vu le musée d'orsay sous la pluie et j'ai touché
      à un van gogh et j'ai emmagasiné assez de peintures
      pour éclairer quelques années de rêves en couleurs

j'ai vu le centre pompidou ses amuseurs publics
      j'ai eu envie de faire le singe sur les tuyaux et j'ai ri
      devant les sérigraphies d'andy warhol une envie de soupe
      et de chaise électrique

j'ai vu le nouvel opéra mais je n'ai pas sorti un drapeau
      canadien pour célébrer

j'ai vu les caves de saint-germain-des-prés et j'ai dansé
      avec camille sylvie et gilles tassés comme des pavés
      devant la petite scène huit musiciens au mètre carré
      et j'ai cherché boris vian à la huchette

j'ai vu l'invasion du koweit à la télé comme je verrai
      en revenant un jeudi soir en direct la guerre en vidéo
      sans bouton de remise à zéro

et j'ai vu la campagne les tournesols brûlés des champs
de pendus les routes étroites laissant le temps au paysage
de s'écrire

j'ai vu les vignes en rangée dans les champs en pente
année après année comme les pierres de ces églises
que j'ai vues qui donnent le goût pendant quelques minutes
de retrouver la foi aveugle des maçons et des maisonnées
d'avant mes ancêtres

ça m'a coupé le souffle vertical comme la première fois
en 1971 c'était le souffle horizontal à ce cimetière militaire
près d'ypres

ces milliers de petites croix blanches bien alignées prêtes
à monter à l'assaut

morts inutiles pour une colline quelques roches sous quelques
arpents de terre venteuse

et même pas de pierres à cathédrales ou de paysages
de cartes postales

3.

l'univers n'est pas ce que l'on croyait
cet endroit chaud et rassurant
où tous les pots ont des couvercles
où tous les comptoirs trouvent leur torchon
où tous les gestes suggèrent une
explication logique où toute chose
peut se comprendre et donc être
reproduite à la perfection
(je pensais à l'importance du doute
cet après-midi au musée des techniques
attardé devant la calculatrice
de pascal le pendule de foucault
les caméras machines et automates)

malgré ce désir d'ordre
les rues s'offrent à tous les sens
et les avenues rectilignes laissent
entrevoir les maisons démolies
pour les construire afin que la commune
ne soit plus possible sans riposte
de soldats en rangs de cinquante
(à paris je rêve le dix-septième siècle
et 1871)

c'est en marchant dans cette ville
que la dérive sort du dictionnaire
j'ai retrouvé louise michel et rimbaud
hors cadre d'une vieille photo
(deux enfants dans la bataille
une image rush et le plus vieux
dix ans déjà ouvrier textile)

Anonyme Français

Deux enfants morts
sous la Commune
Tirage albuminé
17,5 × 26 cm

M
O   Musée d'Orsay, Paris

j'ai trouvé la seconde boucherie
mondiale sous une plaque dorée
au coin de toutes les rues
(«nous étions tous dans la résistance»
je n'écoute pas je pense au bouquet
déposé chaque jour pour un jeune homme
de dix-sept ans)

et des émanations étranges près
de la rue saint-denis parmi
les prostituées noires et les clients arabes
(tout le monde a des problèmes
le sexe n'est qu'une façon d'atténuer
la douleur ce besoin de contact
de phraser)

au restaurant manger debout
un cuisinier graisseux et son couteau
attaquent le rôti d'agneau
(un endroit où aboutir la carte du métro
mon désir d'ordre)

je cherchais aussi alfred jarry
j'ai rencontré un sans-abri
un sans-papiers au bureau de poste
des albanais dans le métro
cherchant leur lit et la démocratie
des japonais qui achetaient tout
en miniature j'interprétais
leur portefeuille

je voulais voir la seine
j'ai traversé des ponts et l'ai capturée
dans une bouteille
noyant le sacré-coeur et la tour eiffel

4.

un moment d'intimité
troublante en plein soleil
tombes voisines tombes cousines
une vie grouille sous terre
au cimetière du père-lachaise
(une certaine version de la vie
en surface aussi
parents fans touristes
tous en visite)

pour abélard et héloïse par contre
la vie s'élève au rythme des briqueteurs
un deuxième étage s'ajoute au mausolée

«*dis tu as vu ce que*
notre nuit d'amour
sous terre
a érigé hier»
(inscription peinte au pochoir sur le ciment d'une statue
faite de pavés s'ouvrant sur la rue
et éclairée de l'intérieur sous la chaussée)

pour jim morrison la tristesse
d'un bloc de granit graffité
de joe loves mary satan is great
bouteilles de vin cheap éclatées
ou sous le nez d'une jeune personne
qui n'est plus tout à fait là
le ghetto imaginé blaste du jimi hendrix
le cuir la cruise et l'héroïne
comment injecter du sens dans sa peau

un jeune hollandais fraîchement
débarqué du train et somnambule
me demande où est «la» tombe
je lui indique celle de molière

5.

«i'm a dirty motherfucker
i fuck my mother and i roll in the dirt»

les vrais mâles ont également
la nationalité française ils
parlent fort de pas grand-chose
écrivent des articles sur l'amour
anal pour des revues papier glacé
à circulation de masse certains
portent encore des enjoliveurs
dans le cou sur du poil rapporté
et d'autres leur libido verbale
au bout des doigts et du nez

quel est ce sexe qui fait d'eux
(de nous)
des serveurs le jour et des généraux
la nuit

«moi quand je me suis marié
j'voulais une femme qui reste
à la maison qui prenne soin de
moi pis des enfants qu'on aurait»

deux vrais mâles peuvent s'engueuler
pendant dix minutes à deux pieds de distance
sans jamais en venir aux poings
le verbe se fait chair et crisse
sa ponctuation dans les testicules de l'autre
(je comprends la tactique les coups
sont réservés aux femmes le pouvoir
de la chair et du verbe)

je ne me sentais pas de taille
ni le coeur de jouer

51

6.

et ce texte qui pourrait ne plus se terminer et devenir
un dictionnaire de noms propres au lieu d'un journal
de voyage ou même d'une chansonnette

et cette ville tellement longue en bouche
un goût géographique
psychographie des pierres mais où
est l'esprit des résidents
dont la moitié et plus habitent seuls
petits appartements trop chers petite
vie privée limitée à quelques mètres carrés
avec fenêtre et porte et parfois balcon étroit
le seul endroit non envahi par le spectacle
l'acheté et le vendu pensent-ils
connectés par la télé connectés à quoi

il n'y a plus nulle part sauf dans la tête
quand la police prend des vacances

«mon flic à moi
je l'ai dans la tête»
air connu

cette année
je suis allé en france il est resté ici

hiver 1990-1991

le présent indérapable

(durées amoureuses)

conseils à ma fille sur les bagarres

pour liliane

1.

c'est dans la tête qu'on est pepsi
fais attention à ta tête
à ce qui entre à ce qui sort
des idées circulent parfois
qui veulent changer le monde
écoute bien
écoute aussi les bruits de ta ville

2.

fais attention
tu vis dans une communauté
où on va te dire que tout le monde
pense la même chose

fais attention
il y en a qui vont te dire
qu'ils ont trouvé
demande-leur ce qu'ils cherchaient

s'ils te répondent trop vite
penses-y longtemps
apprends le maniement des armes

3.

rappelle-toi
que c'est parce qu'ils sont sans travail
que les gens sont pauvres
et que les gens pauvres ne sont pas tous sans travail

rappelle-toi
que l'intolérance prend le pouvoir
chaque fois que tu t'habilles
de peur de panique et de je m'en foutisme

4.

ton accouchement
je l'ai manqué
ta mère l'a manqué
les médecins se sont énervés
tu ne comprenais plus rien
sans doute

quand tu penseras que tu pourrais éclater
comme un radiateur raccordé à un geyser
quand tu seras au milieu du champ de mines
à essayer de parler
à réparer des lézardes sur des murs inexistants
quand tu te sentiras seule parmi les soldats
regarde la photo de toi trois jours après ta naissance
tu verras peut-être ce que j'ai vu
quelqu'un qui n'aimait vraiment pas ça
venir au monde
la tête renfoncée par des forceps

tu es née quand même avec cette face en colère
les poings serrés
prête à tracer un chemin dans la banalité
qui guette même nos grandes folies de mort
et nos grandes passions de vie

la saint-valentin

pour mary-ann

1.

«*quand t'es dans un orchestre,*
tu utilises toutes les parties
de ton corps»
une étoile du rock

une histoire :

le première chose qui l'attira c'est ce rectangle
de peau dans le dos
au creux des reins
puis son sourire et ce jeu de jouer les durs
un simple jeu sans tromperie
ils connaissent une ou deux vérités
et comment rire

il y a aussi cette incertitude qu'ils partagent
au sujet des choses de l'amour
ce qu'ils savent se résume
en une seule phrase boîteuse :
l'amour ne se nourrit pas
d'une quelconque soumission totale
effacement anéantissement
ou coma profond
de chacun des patients
amants

2.

«tu n'auras peut-être pas
ce dont tu as besoin
mais tu pourrais avoir
ce que tu veux
(ou vice versa)»

une définition :

est-ce que l'amour c'est comme
une poussée de fièvre
un symptôme viral
une tornade de tendresse
ces mains longues et fines
un bruit d'ongles sur un tableau noir
la douceur d'un scalpel
une recherche
de quoi
le besoin d'explorer la blessure originelle
une mission de reconnaissance et de destruction
une conversation silencieuse au bout des doigts
une réunion ouverte
un tissu de jeux de pouvoirs
un massacre à la scie mécanique
un martyre
une toxicomanie
le besoin désespéré de connaître ses limites
la seule source de lumière dans la chambre d'hôpital?

3.

«*comme ça,
tu penses que t'es en amour!*»
phrase déprimante pour la journée

«*true love is the devil's crowbar*»
le groupe rock x

une histoire (suite) :

l'hiver occupe le dehors
et frappe à la porte
pour tout envahir il veut entrer
tête pesante coeur en hibernation

gelant à mort au point d'embarquement
pas d'ambulance à l'horizon
ils décident de contre-attaquer
et d'opérer malgré la glace

quand ils enlèvent leurs masques chirurgicaux
chacun saigne dans la blessure de l'autre
au creux des reins

février-mars 1989

carrefours/crossroads

pour pauline

1.

robert johnson
le jeune chanteur de blues noir
qui a écrit la chanson
que le groupe cream a enregistré 40 ans plus tard
avec eric clapton dans le rôle de dieu
est sensé avoir signé un pacte
avec le diable
à un carrefour près de meridian (mississippi)

au centre du pays
il est mort jeune
comme un jeune autochtone
whisky colle ou couteau quelqu'un meurt

2.

à batoche
louis riel tenta de rédiger
un pacte avec dieu
avant que la nwmp* ne traverse la rivière
c'est pas un carrefour c'est une forêt
criait gabriel dumont tu vas te perdre
gabriel s'est échappé ce n'était pas encore le sien

il vit toujours
dans les hommes et les femmes
que tu as rencontrés paroles hésitantes
à voix basse là-haut dans le nord

*North West Mounted Police, ancêtre de la GRC.

59

3.

saint paul conclut un pacte avec dieu
à un carrefour près de damas
sa jument eut peur elle s'enfuit
elle savait ce qui devait arriver

dans la réserve ou dans la ville
le diable se cache parfois dans les maisons
quand dieu signe la mise en scène du spectacle
saint paul connaissait bien le marketing

4.

as-tu signé un pacte avec toi-même
aux portes de cette ville
dans le nord là où la route s'arrête
où le paradis est blanc
la plus grande partie du temps
as-tu vu les carrefours
dans le paysage gris et grisant
tes pieds ont-ils hésité puis
l'élan
à gauche à droite tout droit
ou en diagonale

as-tu trouvé un bon endroit
pour entendre la toundra
as-tu trouvé le bon endroit
pour traverser la route

décembre 1989

les moteurs à plein régime

pour m.

1.

l'hiver de force achève

survenue miss tornade

ne pars pas tout de suite   les trains ne roulent plus   les avions ne savent plus décoller   mais ils s'écrasent à l'heure   et des automobiles désespérées mitraillent les routes phares éteints et glaces fermées

ne pars pas il y en a beaucoup et elles savent ce qu'elles font elles ont joué dans un film d'horreur

une bordée de neige du printemps

ne pars pas   j'ai crevé les pneus de ta voiture   et les sept chevaliers de l'apocalypse viennent d'enfourcher des montures fraîches

ne pars pas   ils ne sont pas loin   ils ont les yeux rouges   l'haleine d'un calendrier de l'ancien testament   et ils adorent leur job

à l'eau bénite dans les bois

ne pars pas tout de suite   l'eau monte à l'étage les routes ont été emportées par la crue   et les animaux fous sur les buttes crient leur faim

une perruque dans la soupe

ne pars pas   la chatte miaule ton nom en se frottant au sofa   et siffle des griffes quand je l'approche

ne pars pas   même si j'exagère   elle ne s'enfarge que dans la deuxième syllabe et les yeux grands comme la panse

ne pars pas quand je suis seul je m'enboucane
jusqu'aux oreilles   je ne vois plus rien   et la
chatte pourrait avoir le cancer

ne pars pas je ne parlerai plus d'elle pour faire
vibrer une corde   te pogner une tripe   je le
promets

le coeur à temps partiel

ne pars pas   il n'y a que la présence pour remplir
adéquatement l'absence   et que l'absence pour
évoquer douloureusement la présence

ne pars pasje pourrais continuer de creuser mon
épaisseur et trouver ça intelligent

en quête d'une occupation

ne pars pas   j'ai appris trois cents chansons je
me rappelle toutes les histoires drôles de roméo
pérusse et j'aime les livres à voix haute

ne pars pas   la porte aura le dernier mot   je
n'aurai plus rien à dire et je veux te parler partout

d'une révolution de tendresse

ne pars pas tout de suite   le vent pourrait te
brûler   et le froid te rendre bleue   et craquante
comme une feuille de papier

tu avais cessé d'hiberner

avril-mai 1991

63

2.

ratatouille de sentiments

• • •

des doigts lumineux pour
se chatouiller des yeux
se faire rire de toutes ses dents
(une certitude de vivance)

• • •

pour s'apprendre par coeur
un peu plus chaque fois
sans résumer le contact
et la mémoire pour éclairer
les errances la frustration
les pieds enracinés dans le sol
il fait chaud là sa gorge collée
à son col déboutonné
(une envie de glissade)

• • •

comme si rien d'autre ne comptait
la géométrie et le calcul
prennent le bord et tombent
en bas du lit où s'affairent
les fins et les pas fins qui nous attendent
(une sensation d'impatience)

• • •

les réponses plus faciles à jongler
que toutes les questions de ce soir
il faudra la lobotomiser pour
qu'elles s'effacent du tableau
il faudra me tremper dans l'acide pour
qu'elle quitte la photo brûlée sur ma peau
tressée de poils dressés
à l'idée qu'elle puisse désapparaître
(un cauchemar ordinaire)

●●●

le risque toujours présent
s'engouffrer avec enthousiasme
dans le cadre morne du sans danger
sauf celui de mourir d'ennui
au fond d'un placard verrouillé
(des bras pour lancer la parlotte
ou jaser en silence)

juin-juillet 1991

j'ai un ami et il a 40 ans aujourd'hui

pour gilles

1.

en premier les mains
elles bougent roulent virevoltent
elles dessinent le vent et les mots qu'il dit
quand la vie prend le dessus
du panier de crabes des émotions
non ce ne sont pas des pinces elles s'ouvrent
facilement comme les bras

et un sourire large comme une buick

2.

il ne se fout pas de grand-chose
il ne s'en balance pas comme en l'an 40
en enfilant sa peau
le matin

il se dit que le bonheur n'est pas un secret
c'est un besoin qu'il tente de combler il fonce
c'est un livre ouvert une page blanche à délimiter

la passion selon saint gilles

3.

il vieillit bien
il ne croit plus au martyre
le nombre des ombres augmente
autour de lui autour de nous
des amis partent certains reviennent

il tourne en rond s'enfarge parfois
mais il revient toujours pour moi
c'est flatteur

4.

il n'aime pas que le masculin l'emporte
sur le féminin
il s'emballe ne sait pas toujours
comment défaire les noeuds
il s'emporte parfois sans raison autre
que l'anxiété qui le ronge
ah le coeur s'adapte mal
à la jungle des villes
il n'aime pas dormir seul
il n'aime pas chercher seul
il fait du théâtre il bouge

l'entropie ou l'atrophie
voilà le seul vrai problème

5.

ma vie serait plus calme
s'il n'était pas là
mais je rirais moins je serais moins riche
j'aurais davantage de cheveux gris
et le coeur terne
je serais encore plus seul
à me promener dans la jungle
des néons et des coeurs froissés

il ne mourra pas les doigts dans le nez
je l'aime

26 août 1989

les sentiers de la connaissance

(morceaux choisis)

1.

> «*l'insoutenable légèreté de l'être*»
> milan kundera

l'insupportable pesanteur du néant
l'inextricable abêtissement de l'esprit
l'incommensurable reconstruction de l'âme
etc.

> «*je chante le corps électrique*»
> ray bradbury

un cerveau des articulations des jambes
pour savoir qu'on existe
une bouche des poumons un coeur
pour savoir comment

ou est-ce l'inverse?

2.

le cerveau possède deux cent milliards de neurones
chacun d'eux étant connecté
à dix mille autres tout aussi électriques
il en meurt cinquante mille par jour
qui brûlent le synapse par les deux bouts
dix mille connexions à la seconde
pffft qui disparaissent
et pourtant il fonctionne
le cerveau il
pense conçoit dessine
l'éruption érotique et le gros bon sens
les lois de la passion et les fils du savoir

je veux entendre les histoires
qui parcourent ses veines
celles que racontent ses ondes alpha gamma
et caetera
entendre la vibration entre les sons
le bourdonnement de sa parole
la dilatation de ses poumons
le bruit que fait sa mâchoire
en se refermant sur le sens

je veux lire ses peurs
entre les lignes à haute tension
de chaque côté de son centre de gravité
toucher le vaste espace de ses espoirs
logé entre les électrons et les particules inconnues
et manger entre les repas
tout ce qui chute dans ma bouche atomique

je veux la connaître
un peu plus
davantage et assez bien

3.

les hommes disent rarement
qu'ils se sont trompés quand ils se trompent
et encore moins fréquemment
qu'ils ne peuvent la réparer
l'affaire qui ne veut pas fonctionner
et ils ne disent jamais au grand jamais
qu'ils sont perdus quand ils le sont

c'est une histoire de genoux à terre
de pleurs et de grincements de dents
de je-veux-voir-ma-maman
c'est une histoire de désarroi
de poumons bloqués et de coeur gros
c'est une histoire de résignation
de chapelet en famille dans la cuisine
c'est une histoire d'humiliation
une histoire trop familière
pour celui qui vit collé au sol
la tête basse le cerveau au ralenti
les genoux écorchés par le travail
et le grand désordre du monde

les hommes n'aiment pas leurs genoux
les femmes ont essayé les leurs pendant trop longtemps

je veux voir ses genoux
ses coudes et ses chevilles
les charnières de son cortex
les ondulations sur sa page blanche
toucher les crevasses
qui fendillent ses pensées
enlever mes lunettes et me perdre
le long de ses jambes
myope comme une taupe en chaleur
puiser un peu d'avenir dans son paradis articulé
et glisser sur la peau de son coeur
frottée astiquée à genoux
une brosse contre la débarque

elle le sait rien ne reste
éclatant très longtemps

4.

le jour où nous sommes partis
visiter des amis à la campagne
le long d'une rivière près d'une frontière
des heures pour se décider
pour nommer le lieu et l'esprit de cette escapade
au pays des collines aériennes
et de la cour à scrap qui surplombe
le village un paysage familier
d'acier rouillé de poumons encrassés
la route est radieuse l'avenir sinueux
les villages ont tendance à s'évanouir
ne laissant que des fantômes
et de la ferraille pour défier l'oubli

c'était ce temps-là de l'année
les animaux se cachaient dans les bois
certains avaient des fusils et aimaient le bruit
la bière et le grand air
(une rafale de bisons sur la piste d'autrefois
pour balayer l'horizon et soulever la mémoire)
les corneilles du dimanche criaient
comme des phares dans la brume du réveil
il y avait de l'espace à déplacer
des montagnes d'air je respirais

je veux savoir comment elle aspire
si elle s'emplit les narines jusqu'au diaphragme
si elle avale un univers à chaque bouffée d'air
si elle en libère un autre en expirant
les poumons ouverts sur le jour
qui bat au rythme de son cerveau
qui pense au rythme de son coeur

même quand elle s'essouffle sa voix
ne disparaît pas dans le bruit

5.

«*partir c'est rester ou rester parti*»
la vraie fanfare fuckée

la marche est une activité
réservée à ceux qui n'ont pas
les moyens de faire autrement
à ceux qui ont les jambes en santé
et qui aiment parfois s'arrêter en marchant
une activité de nomade

on dit que le monde a été créé dans le mouvement
de jambes avançant dans le désert australien
les ancêtres en marche chantant le continent
pour le créer en marquant les étapes du voyage
erraient-ils erraient-elles en dérive
semant des paysages au passage
(une tapisserie de chansons habillant la terre)
l'important n'étant pas d'arriver quelque part
mais d'arriver pour repartir
la bouche reposée de la parole pierreuse

je suis un cowboy rouge aux jambes arquées
qui fait du bruit dans les centres commerciaux
la musak me donne un air toujours le même
mais les paroles ne viennent pas facilement
et je n'ai nulle part où me rendre
le chemin que je tisse numéro par numéro
est celui du dollar et de l'ennui
je la cherche mais elle n'est jamais ici

elle marche vers le centre de la cible
de son désir qu'elle ne laisse exprimer
par personne d'autre mais je la vois mal
lunettes sales pas de kleenex
doigts graisseux et sueur pesante
je la suis car elle va quelque part

elle sait que la liberté c'est de pouvoir
dire non
et que les grandes passions qui brûlent
d'amour par tous les bouts
finissent toujours mal les amants meurent
la bouche ouverte comme pour chanter
l'absence insupportable de l'autre

elle connaît les déserts elle y a marché
cherchant à comprendre le rôle de la distance
dans la prise des premiers pas
elle a des amis qu'elle ne veut pas comme amants
et des amants qui deviennent parfois des amis
elle se confie tout en se méfiant de tout
et s'abandonne pourtant selon les circonstances
l'articulation du moment
elle sait que le bonheur
ne vient qu'en rafales intermittentes
le tir d'un fusil au fond des bois

elle est tout cela et rien de cela
je ne la connais pas par coeur
je ne sais que sa bouche et ses jambes
le rythme la respiration
elle veut chanter un nouveau monde
pour en rêver très pratiquement
sans autre absolu que la vitesse de la lumière

elle ne fuit pas les déserts
elle sait comment vivre
avec du sable dans la bouche

printemps 1990

76

la surcharge du réseau

Achevé d'imprimer
par les travailleurs de l'imprimerie
Rinella Printers Limited
de Saint-Boniface (Manitoba)
en mars mil neuf cent quatre-vingt-quatorze
pour le compte de
Les Éditions du Blé.